MW01699409

[redacted]

JOURS DE PLUIE

LES JOIES DU JARDINAGE

DENNY ROBSON ET VANESSA BAILEY
CHRISTEL DELCOIGNE

[redacted]

Éditions Gamma — Éditions Héritage

Sommaire

L'édition originale de cet ouvrage
a paru sous le titre : *Grow It For Fun*

Copyright © Aladdin Books Ltd 1991
28, Percy Street, London W1P 9FF
All rights reserved

Adaptation française
de Christel Delcoigne

Copyright © Éditions Gamma,
Tournai, 1992

D/1992/0195/61
ISBN 2-7130-1647-X
(édition originale :
ISBN 0-7496-0519-7)

Exclusivité au Canada :
Les Éditions Héritage Inc.,
300, rue Arran
Saint-Lambert (Québec) J4R 1K5
Dépôts légaux, 3e trimestre 1992
Bibliothèque nationale du Québec
Bibliothèque nationale du Canada
ISBN 2-7625-6941-9

Imprimé en Belgique

Introduction

Faire pousser des plantes peut être très amusant. Jardin, équipement spécialisé et plantes coûteuses ne sont pas nécessaires. Tu peux jardiner à l'intérieur avec des outils simples et des plantes qui ne coûtent presque rien.

Tu peux obtenir des plantes à partir de graines, des petits arbres à partir de pépins de fruits, et même des fougères avec le sommet de certains légumes. Découvre comment réaliser des boutures pour obtenir de superbes plantes d'intérieur. Tu peux aussi créer un jardin miniature, comme le point d'eau exotique, le désert de cactus ou encore le jardin en bouteille. Sers-toi de ton imagination pour créer tout un parc miniature et étonner ton entourage !

Souviens-toi que les plantes sont des êtres vivants. Tu dois apprendre à les soigner. Pour pousser, graines et plantes ont besoin d'air, d'eau, de lumière et de chaleur, mais pas toutes de la même manière. Apprends à connaître leurs besoins particuliers. En plus de la satisfaction de faire pousser la vie, tu auras la joie d'avoir un intérieur radieux, et pour longtemps !

Voici quelques ingrédients utilisés dans ce livre pour faire pousser les plantes. Beaucoup ne coûtent rien : cailloux, mousse, glands et pépins. Cherche divers matériaux dans la maison. Les pots de yaourt font d'excellents pots de fleur. Cuillers et fourchettes usagées sont de bons outils de jardinage. Avant d'acheter des plantes, renseigne-toi : quelqu'un en a peut-être d'intéressantes à te donner.

Matériel
Des coquilles d'œufs, des coquetiers, des graines de cresson, de l'ouate et des feutres pour la décoration

Les plantes instantanées

Certaines graines germent et poussent vite et facilement quand elles sont dans de bonnes conditions. La moutarde et le cresson n'ont pas besoin de terre pour croître. Après environ deux semaines, tu peux les couper. Fais-les pousser dans des coquilles d'œufs décorées, ou sème quelques graines sur un plateau en suivant la forme d'une lettre ou d'un chiffre. Regarde alors les plantes : elles dessineront la lettre ou le chiffre, comme par magie.

Les conseils de Monsieur Doigtvert
Les graines de cresson poussent plus lentement que la moutarde. Si tu veux manger ces légumes en même temps, plante le cresson quatre jours avant la moutarde. Cette dernière est poivrée ; sème donc plus de cresson que de moutarde.

1

1 Nettoie avec soin une coquille d'œuf vide et décore-la en visage. Suis ton imagination et donne-lui un air amusant, féroce, surpris ou en colère. Il peut s'agir d'un être humain, d'un animal ou encore d'un monstre !

2

2 Applique un peu d'ouate humide au fond de la coquille et sèmes-y les graines de cresson.

3

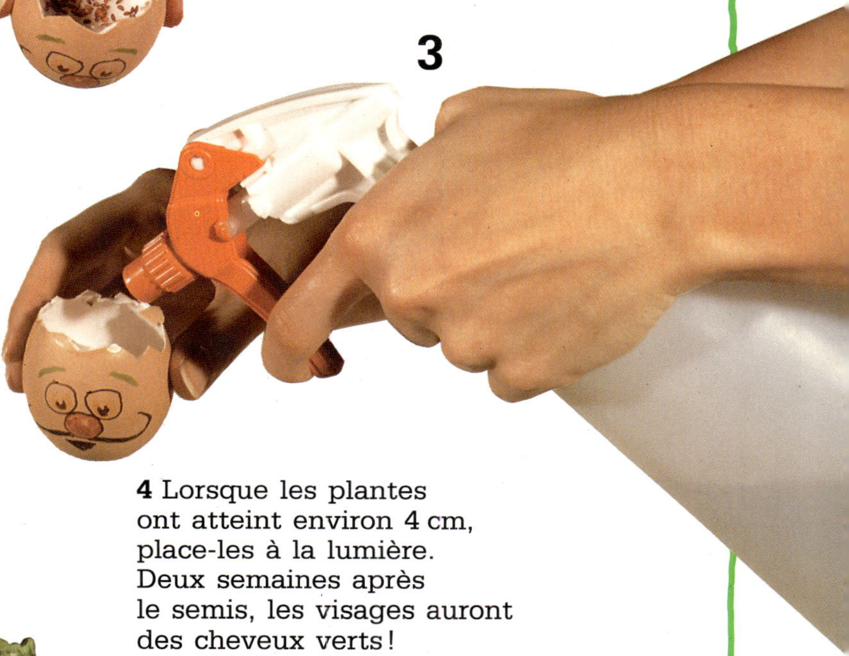

3 Place la coquille dans un endroit chaud et sombre. Veille à ce que l'ouate ne sèche pas. Asperge-la régulièrement pour que les graines restent humides.

4 Lorsque les plantes ont atteint environ 4 cm, place-les à la lumière. Deux semaines après le semis, les visages auront des cheveux verts !

4

Matériel
Des légumes frais, des soucoupes, des galets, de la ficelle, un cure-dents solide ou une brindille, et un couteau

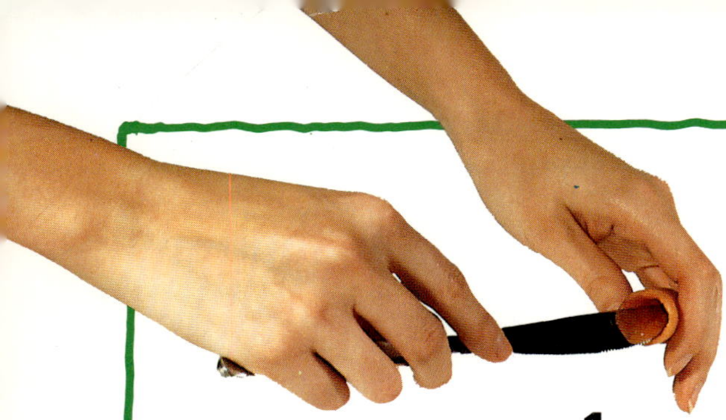

1

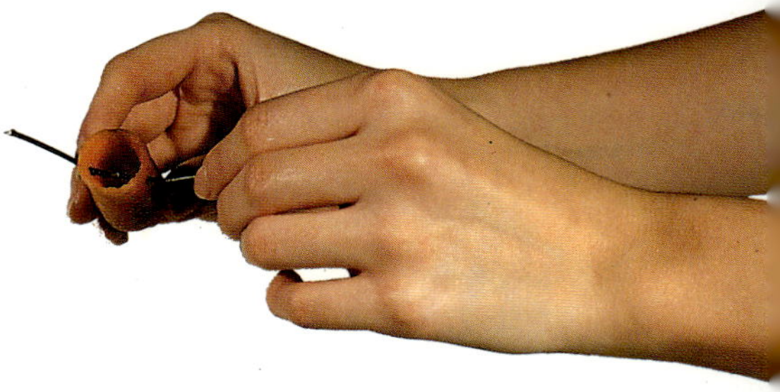

2

1 Essaie de faire pousser une carotte la tête en bas et une autre dans une soucoupe. Compare les résultats. Coupe la carotte à 5 cm de haut et retaille les feuilles. Vides-en soigneusement le sommet.

2 Enfonce un cure-dents solide ou une brindille au travers de la carotte évidée.

Les têtes de végétaux

Les feuilles de légumes frais peuvent donner des compositions surprenantes. Les betteraves ont des feuilles nervurées d'un vert rougeâtre. Les feuilles de carottes deviennent des fougères. Panais, navets, radis et ananas (si le centre n'a pas été coupé) font des plantes décoratives. Si elles ne durent que quelques semaines, elles sont faciles à obtenir et pas chères.

Les conseils de Monsieur Doigtvert
Coupe les légumes à 1 cm environ du sommet, et laisse 2 cm de feuilles. Place-les dans des plats remplis d'eau ou dans des soucoupes avec des galets et de l'eau. Ne les laisse pas sécher. Mets-les dans un endroit chaud et ensoleillé. Les feuilles pousseront après quelques semaines.

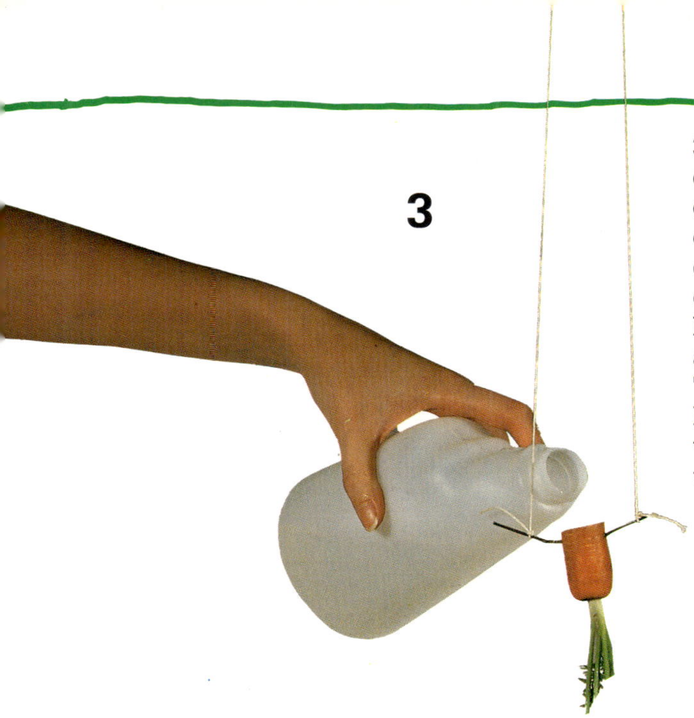

3

3 Noue un morceau de ficelle à chaque extrémité de la brindille et suspends la carotte dans un endroit chaud et ensoleillé. Remplis la carotte d'eau et arrose-la régulièrement. Tu t'apercevras que les feuilles pousseront vers le haut, créant ainsi une plante inhabituelle.

Ananas, radis et navets peuvent pousser sur des soucoupes remplies d'eau et de galets.

Essaie de faire pousser plusieurs sommets de légumes et compare leur façon de pousser.

Matériel
Un pot de confiture ou un verre, du papier buvard, des graines de haricot et un bâtonnet

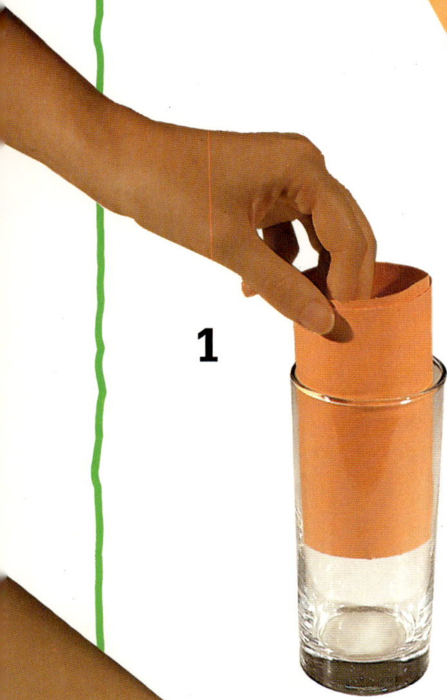

1

1 Roule le papier buvard pour former un tube et place-le dans ton pot.

2

2 Sers-toi du bâtonnet pour glisser deux ou trois graines de haricot entre le papier et le pot.

3

3 Mouille complètement le papier buvard et laisse un peu d'eau au fond du pot pour qu'il ne sèche pas.

Des pousses et des racines

Dans toute graine se cache une minuscule plante entourée de la nourriture dont elle a besoin pour croître. Tu peux le voir en regardant germer des graines de haricot. Trempes-en dans l'eau, puis ouvre-les. À l'intérieur, tu verras la plante. Placée dans de bonnes conditions, elle grandira. Les pousses monteront, et les racines descendront. C'est amusant de regarder la plante pousser de la sorte entre un pot et du papier buvard qui garde les graines humides.

Les conseils de Monsieur Doigtvert
Quand la plante a assez grandi, change-la de pot. Bien arrosée et à l'abri du froid, elle tiendra un bon moment. Des fleurs apparaîtront peut-être et formeront à leur tour des graines.

4 Après environ une semaine, les haricots donneront des jets. Ceux-ci pousseront toujours vers le haut et les racines vers le bas.

Tu peux aussi planter des pois secs ou du maïs dans ton pot. Tu pourrais ainsi comparer leur durée de croissance.

4

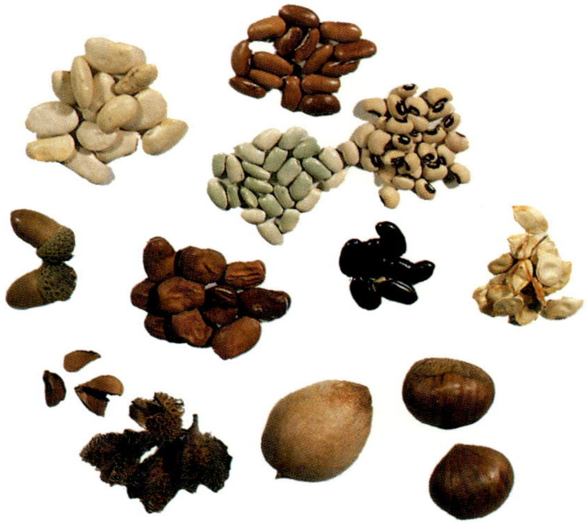

Matériel
Plusieurs petits pots tels que des pots de yaourt, des graines de toutes sortes : marrons, glands, pépins d'oranges et de citrons, du terreau et un crayon

Des plantes gratuites

Amuse-toi à faire pousser des pépins de fruits et des graines d'arbres. Avec des pépins de pommes, oranges, citrons, grenades et pamplemousses, tu obtiendras à coup sûr d'étranges petits arbres pour des années. Tu peux aussi essayer les noyaux de pêches ou de cerises. Il est aussi amusant de faire pousser des graines d'arbres dont nous ne mangeons pas les fruits : glands, marrons, fruits du sycomore ou pommes de pin. Les arbres grandiront peut-être tellement qu'il faudra les planter dehors.

Les conseils de Monsieur Doigtvert
Mets de côté de gros pépins ou noyaux de fruits mûrs, voire pourris. Rassemble des graines d'arbres tombées naturellement. Lorsque tes plantes seront plus grandes, pince-les au sommet pour les rendre broussailleuses. Quand les racines rempliront le pot, place les plantes dans un plus grand pot ou repique-les au jardin.

1

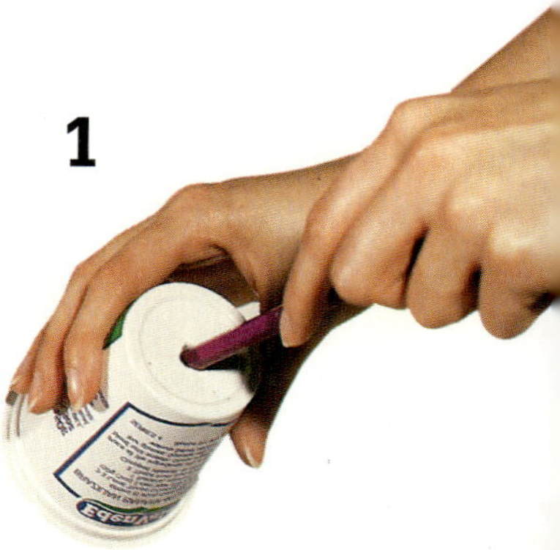

1 Troue le fond de chaque pot à l'aide d'un crayon. Cela empêchera la plante d'être trop humide.

2 Remplis ton pot de terreau. D'un doigt, fais des trous dans lesquels tu mets les graines.

2

Noyaux d'avocat
Ôte le noyau d'un avocat mûr. Enfonce un trombone ou un cure-dents de chaque côté, et place-le au-dessus d'un récipient à moitié rempli d'eau. Cela peut durer plusieurs semaines avant que pousses et feuilles apparaissent. Lorsque la plante aura beaucoup de racines, mets-la en pot.

3 Quand les graines auront trempé toute la nuit, places-en plusieurs de la même variété dans chaque pot. Toutes ne germeront pas.

3

4

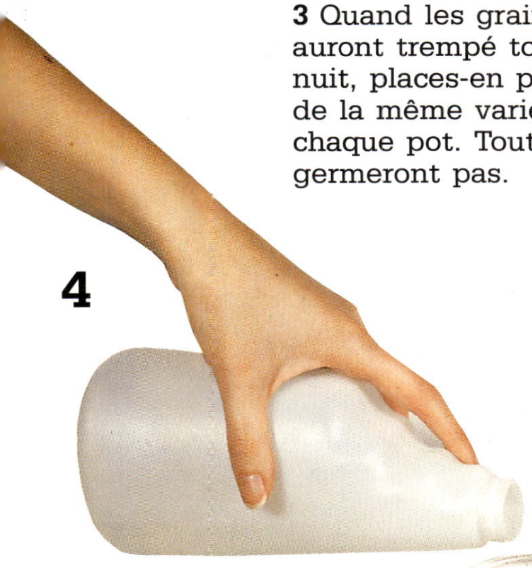

4 Arrose les plantes et place-les dans un endroit sombre. Afin qu'elles restent chaudes et humides, couvre les pots de sachets en polyéthylène jusqu'à ce que les plantes poussent. Ensuite découvre-les et place-les dans un endroit ensoleillé.

5 Sois patient. Les jeunes plants peuvent mettre du temps à sortir de terre. Quand ils apparaîtront, élimine les plus faibles.

5

Fais pousser des boutures

Une bouture est une jeune pousse prélevée sur une plante. Elle peut donner naissance à une nouvelle plante. Demande à tes amis et voisins si tu peux choisir quelques-unes de leurs plantes pour faire des boutures. Toutes ne deviendront pas des plantes, mais il est amusant de voir si elles vont grandir et de quelle manière. Si cela marche, tu auras toute une collection de nouvelles plantes pour pas cher !

Les conseils de Monsieur Doigtvert
Fais tes boutures au printemps et mets-les dans un endroit ensoleillé. Toutes les plantes ne poussent pas à partir de boutures de tiges. Mise dans l'eau, une simple feuille de violette africaine peut donner de nouvelles racines.

Matériel
Des récipients en verre,
des petits pots,
des ciseaux, un crayon,
des galets, du terreau
et diverses boutures

1

1 La plante araignée forme de nouvelles plantes aux extrémités des tiges. Ces plantes donneront des racines dans l'eau. Ensuite, tu pourras les replanter dans des pots.

2

2 Voici une bouture d'impatiente. Comme tu peux le voir, ses racines sont assez longues. Elle peut déjà être repiquée.

3

3 Voici une bouture de géranium. Avant de la planter, fais un trou dans le fond du pot, place une couche de galets pour faciliter le drainage, ajoute du terreau et arrose copieusement.

4

4 L'impatiente et le géranium fleuriront tous deux après deux semaines. Lorsque leurs racines auront rempli le pot, il faudra repiquer les plantes dans des pots plus grands.

Matériel
Un bol (nous avons utilisé un récipient de crème glacée décoré), de la tourbe, des bulbes de jacinthe ou autres bulbes de printemps, du papier épais pour couvrir

Bulbes de printemps

Les bulbes illumineront ton univers lorsque le temps sera à la grisaille en hiver ou au printemps. Les jacinthes au parfum si délicat, jonquilles, crocus et perce-neige peuvent tous pousser à l'intérieur en un joli jardin coloré. Tu peux les planter seuls, ou en groupes. Tu peux encore faire un jardin à l'aide d'un bol profond dans lequel tu plantes plusieurs sortes de bulbes. Plante-les au début de l'automne : ils devraient fleurir à Noël ou au Nouvel An.

Les conseils de Monsieur Doigtvert
Lorsque les bulbes auront fini de fleurir et que les feuilles seront mortes, nettoie-les. Tu pourras les ranger dans un endroit frais et sec jusqu'à la prochaine remise en terre.

2 Dispose dans le bol une couche de tourbe et poses-y les bulbes, tête vers le haut. Les bulbes peuvent être serrés. Ajoute encore de la tourbe et tasse-la un peu autour des bulbes. Le haut des bulbes de jacinthe doit dépasser un peu de terre, mais il faut couvrir les bulbes de crocus.

1

1 Vérifie que les bulbes sont en bon état et qu'ils peuvent être plantés. Ils doivent être bien fermes et non moisis. Tu peux couper les vieilles racines.

2

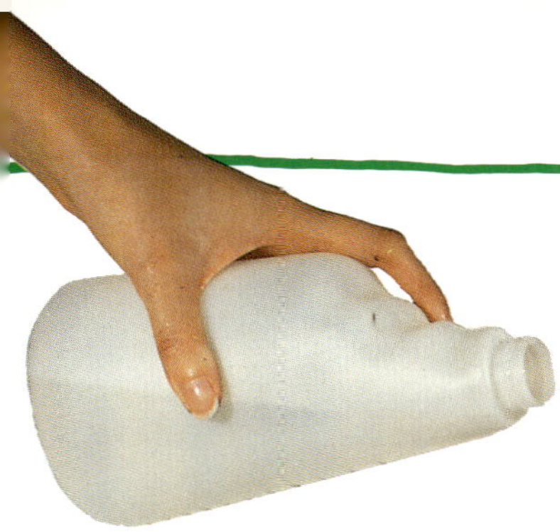

3 Arrose généreusement. Pendant les semaines suivantes, veille à ce que la tourbe ne se dessèche pas. C'est important.

4

3

4 Couvre de papier épais et place le bol dans une pièce fraîche et sombre pendant 6 à 10 semaines jusqu'à ce que les feuilles apparaissent.

5

5 Lorsque les pousses ont atteint 5 cm de haut, mets le bol dans une pièce claire, non chauffée. Lorsque des boutons apparaîtront, place les bulbes au soleil. Ils fleuriront.

[redacted]

Fais pousser des citrouilles.
Achète des graines de citrouille. Sème-les en pots (voir page 10), pui suis les instructions indiquées sur l'emballage. Tu devras beaucoup surveiller cett plante. Bonne chance !

La lanterne citrouille

Aux États-Unis comme au Canada, une citrouille illuminée de l'intérieur et décorée d'une grimace fait partie du folklore de la fête des sorcières, le 31 octobre. La plupart des gens achètent des citrouilles, mais tu peux essayer de faire pousser la tienne. Ce légume peut atteindre 50 cm de large et peser jusqu'à 25 kg. Il faudra quatre mois pour qu'il pousse.

Les conseils de Monsieur Doigtvert
Les graines peuvent être mises en pots, mais pour obtenir une belle citrouille, il te faut un jardin et du bon engrais.

Matériel
Pour fabriquer cette lanterne, tu auras besoin d'une citrouille de forme régulière, d'une petite bougie, d'un couteau et d'une cuiller. (Sois très prudent avec le couteau !)

1 Ôte le haut de la citrouille et garde-le comme couvercle, ou fais carrément un trou. Vide la chair et conserve de belles graines pour l'année prochaine.

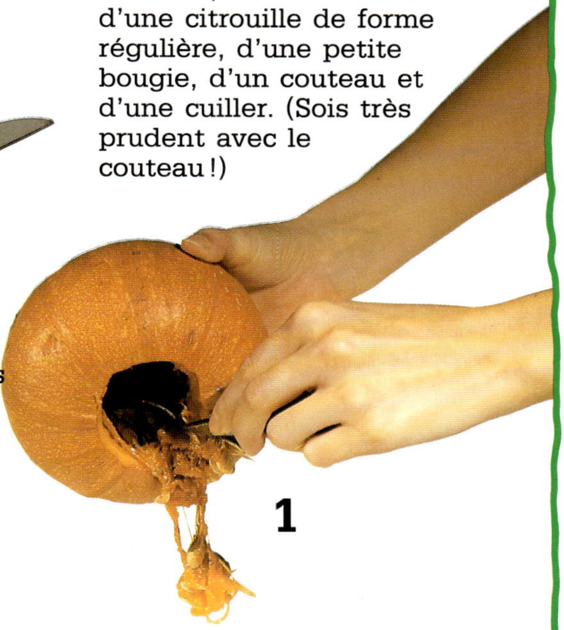

1

2 Pour réaliser la vilaine grimace, dessine un visage au feutre, puis au couteau.

2

3

3 Place une chandelle ou une petite bougie à l'intérieur. Allume avec précaution et recule : tu auras une belle lanterne !

La folie des champignons

Les champignons sont une sorte de moisissures comestibles. Attention : tous ne sont pas comestibles ! Ils se multiplient par des millions de spores. Procure-toi les spores nécessaires pour ta culture. L'expérience est intéressante. Et tu peux en déguster les résultats ! Les champignons poussent à intervalles d'environ sept jours. Cueille-les quand ils ont la taille désirée.

Les conseils de Monsieur Doigtvert
Tu trouveras peut-être du terreau spécial pour champignons. Sinon, tu peux utiliser de l'engrais naturel. Le pot doit être placé dans un endroit sombre, sans courant d'air (cave, armoire ou abri de jardin), à une température de 13 à 18°C. Trop d'eau tuerait les champignons.

Matériel
Du terreau pour champignon ou de l'engrais naturel, du terreau de rempotage, un grand pot ou une boîte en bois, une bouteille et un morceau de toile, des spores de champignons et, si possible, un thermomètre pour vérifier que le terreau reste chaud

1 Place une bonne couche d'engrais naturel dans le fond du pot. Ceci produira de la chaleur et permettra aux spores de pousser.

1

2 Mélange les spores de champignon avec le terreau de rempotage et mets ce mélange au-dessus de l'engrais dans le pot.

2

3

3 Remplis une bouteille d'eau. Trempe une extrémité du morceau de toile dans l'eau et place l'autre sur le pot pour que le terreau reste humide. Mets le pot dans un endroit sombre, à l'abri du vent.

4

4 Des points blancs devraient apparaître après quelques semaines. Ils deviendront vite des champignons assez gros pour être mangés.

Le jardin miniature

Avec un peu d'imagination et quelques matériaux, tu créeras un jardin miniature. Prends un petit miroir pour l'étang, des cailloux pour les blocs de pierre, et des brindilles pour de superbes arbres morts. Nous avons choisi un plateau en terre cuite, mais un bol fait l'affaire.

Les conseils de Monsieur Doigtvert
Il te faut des plantes à croissance lente pour ce jardin. Adresse-toi à un commerçant qui te conseillera. Tu peux aussi prendre des boutures. Mousses et lichens sont gratuits. Tu trouveras de la mousse sur l'écorce des arbres, dans l'herbe et dans les fissures des pavés et murs.

Matériel
Un plateau creux, un miroir pour l'étang, des pierres et des galets, de la mousse et des lichens, des plantes à croissance lente, telles que des sapins miniatures ou des herbes, du terreau de rempotage

1

1 Mets une couche de terreau de rempotage au fond du plateau. Dispose une ou deux grosses pierres et le miroir en dissimulant les coins avec du terreau. Évalue plus ou moins où tu placeras tes plantes.

2

2 Place les plantes et arbrisseaux. Pense aux couleurs et essaie de les organiser pour obtenir le meilleur contraste. Arrose prudemment et, si tu veux, décore avec quelques figurines.

Le jardin en bouteille

Les pots en verre, bols et grandes bouteilles sont des récipients parfaits pour créer des jardins miniatures. Ils protègent les plantes de la sécheresse, de la poussière et des insectes nuisibles. Les plantes vivent donc plus longtemps. Autre avantage : elles ne requièrent que peu de soin puisque le verre garde leur humidité. Les récipients en verre sans couvercle doivent être arrosés une fois par mois environ, ceux avec couvercle une fois par an !

Les conseils de Monsieur Doigtvert
Les plantes à croissance lente et celles qui apprécient l'humidité, comme les mousses et les fougères, sont idéales pour les jardins en bouteille. Trouve des plantes qui contrastent bien au niveau des couleurs et des formes.

Matériel
Un récipient en verre (aquarium ou pot à bonbons), quelques plantes (mousses et lierres ne coûtent rien), du charbon de bois, des petits galets, du terreau de rempotage

1 Nettoie et sèche bien le récipient. Place au fond une couche de galets pour le drainage, puis une fine couche de charbon de bois débité pour maintenir la fraîcheur du terreau. Ajoute le terreau de rempotage et appuie.

1

2

2 Dépote doucement tes plantes. Pour y parvenir, il faut que la terre soit humide. Tiens les tiges délicatement entre tes doigts et retourne le pot.

3

3 Fais de petits trous dans le terreau et places-y tes plantes, en les enfonçant fermement dans la terre. Ajoute de l'écorce et des pierres pour la décoration.

4

4 Arrose soit en versant un peu d'eau à l'intérieur du récipient soit en vaporisant. Enlève les feuilles et les fleurs mortes et coupe les plantes qui dépassent.

Le désert de cactus

Tu t'amuseras beaucoup en faisant cette scène de désert. Les cactus sont fascinants en raison de leur forme étrange et des fleurs très éclatantes qu'ils arborent parfois, à notre surprise. Ton désert sera encore plus vraisemblable si tu y plantes beaucoup de cactus différents. Dessine un arrière-plan et mets-le derrière le jardin : la scène n'en sera que plus réaliste.

Les conseils de Monsieur Doigtvert
Les cactus viennent des pays chauds. Ils aiment les endroits chauds et ensoleillés. Ils stockent l'eau dans leurs épaisses racines et n'ont pas besoin d'arrosage excessif. Au printemps et en été, arrose-les de préférence avec de l'eau de pluie. Laisse sécher le sol en hiver.

Matériel
Des cactus de diverses espèces, (choisis des cactus qui fleurissent quand ils sont petits et n'oublie pas de demander des boutures dans ton entourage), un plat creux, des galets, de la terre sablonneuse, des gants de jardinage et du papier épais

1 Dispose une couche de galets dans le fond du plat pour un bon drainage. Recouvre de terre sablonneuse.

1 + 2

2 Plante tes cactus comme indiqué ici, en te servant de tes gants de jardinage et de papier épais pour protéger tes mains.

3

3 Arrose le terreau légèrement, couvre les espaces séparant les cactus de galets et arrose à nouveau.

4

4 Fais appel à ton imagination pour dessiner un décor de désert que tu placeras à l'arrière de ton jardinet.

Le jardin aquatique

Un jardin aquatique est passionnant à créer. Il te faut des plantes... hydrophytes. Certaines flottent sur l'eau, les racines tombant sous la surface. D'autres sont plantées dans le sol du jardin aquatique, et lestées à l'aide de galets. Tu peux également mettre des animaux dans ce jardin : petits mollusques et poissons. Tu peux encore faire un petit bassin intérieur avec un bol en plastique, mais, pour un maximum d'effet, utilise un récipient en verre tel qu'un grand bocal ou un aquarium.

Les conseils de Monsieur Doigtvert
Essaie de trouver un endroit où installer ton jardin aquatique : il ne doit pas être trop ensoleillé ni sombre. De toute façon, tu devras veiller à le remplir d'eau régulièrement.

Matériel
Un récipient en verre, quelques plantes aquatiques (tu peux rassembler des herbes sauvages dans des petits étangs ou cours d'eau), de la terre et des galets, des pierres et un verre

1

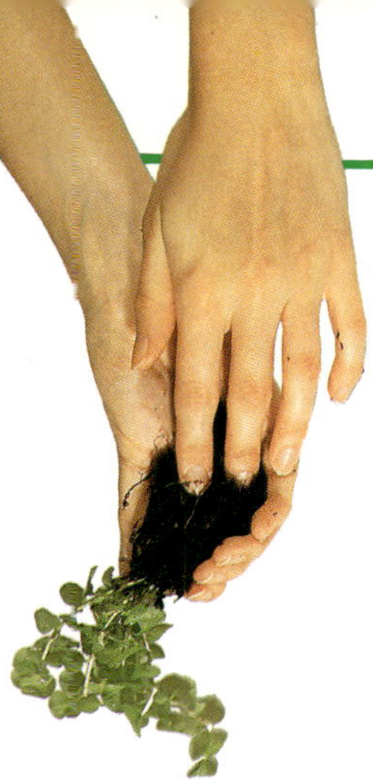

1 Arrose copieusement, puis enlève les plantes de leur pot. Travaille le sol et les racines en forme de boule.

2 Mets une couche de terre au fond du récipient et couvre de galets. Dispose les plantes en te servant de petits cailloux pour les ancrer, si nécessaire.

2

3

3 Lorsque tu as tout mis en place, excepté les plantes flottantes, place un verre au milieu du récipient, remplis-le d'eau de manière à ce qu'il déborde et remplisse tout le récipient. De cette façon, tu n'abîmeras pas le sol.

4

4 Ajoute les plantes flottantes, les mollusques et les poissons. Ne remplis pas trop ton jardin. Placés dans un équilibre adéquat, animaux et plantes aquatiques se maintiendront mutuellement en bonne santé.

Les plantes épiphytes

Les plantes de ce jardin mystérieux sont appelées épiphytes ou aéricoles, car elles poussent de façon naturelle, sans sol ni matériau de rempotage. Ces plantes étranges viennent des déserts, forêts et montagnes d'Amérique centrale et du Sud, où elles croissent dans les fentes de rochers et d'arbres. Leur système radiculaire est réduit. Elles tirent la nourriture et l'humidité nécessaires de l'atmosphère.

Les conseils de Monsieur Doigtvert
Rassemble diverses plantes épiphytes. Réfléchis à la façon de composer l'ensemble. Tu peux les faire pousser sur des bouts de bois à la forme intéressante, comme dans notre exemple, ou sur du corail, des pierres et des coquillages.

Matériel
Quatre ou cinq plantes épiphytes, des coquillages, du bois ou autre matériau (essaie de choisir une structure lézardée et accidentée), des galets, de la mousse, un plat creux, de la colle ou de la ficelle

1

1 Arrange la structure du jardin. Nous avons choisi un morceau de bois de forme bizarre, et nous l'avons enfoncé dans un plateau creux couvert de galets et de mousse.

2

2 Il faudra trois à six mois avant que les plantes ne fassent des racines. Entre-temps, colle ou lie les plantes avec de la ficelle sur leur support.

3 Vaporiser est important. En été, vaporise une fois par jour, par temps plus frais, moins souvent. L'eau de pluie est plus conseillée.

3

4 Place ton jardin dans un endroit bien aéré, à l'abri de la lumière directe. Avec de la chance, tes plantes pourront même fleurir.

4

PUNTLEDGE PARK SCHOOL LIBRARY

Le bonsaï instantané

Un bonsaï ressemble très exactement à n'importe quel arbre, avec son tronc noueux et avec ses feuilles, fruits et fleurs. La seule différence, c'est que tout cela est reproduit en miniature. Un bonsaï est un arbre nain. Les Japonais en ont inventé la technique.
Il s'agit de limiter la croissance des racines et de recouper régulièrement la souche principale de l'arbre. Cela peut prendre plusieurs années, mais voici comment réaliser un « bonsaï instantané » qui épatera tous tes amis !

Les conseils de Monsieur Doigtvert
Pour obtenir la forme de ton bonsaï, oriente les branches avec du fil de fer et des ficelles. Garde ton bonsaï à l'extérieur ou sur un appui de fenêtre pendant un moment.

Matériel
Un sapin nain ou tout autre arbuste à croissance lente (renseigne-toi auprès d'un fleuriste), un plateau creux, du terreau, de la mousse, des ciseaux, du fil de fer et des pinces

1

1 Enlève la plante de son pot et ôte un maximum de terre. Éclaircis les racines.

2 Noue du fil de fer autour de la motte de racines pour empêcher tout excès de croissance. Fais remonter le fil jusque dans l'arbre.

2

3

3 Plante l'arbre dans le terreau que tu as étalé dans le plateau. Élague ses branches pour qu'il ressemble à un arbre miniature.

4

4 Noue le fil de fer autour des branches pour qu'elles prennent la forme souhaitée. Arrose et ajoute de la mousse, comme indiqué. Celle-ci facilitera la rétention d'eau et donnera un air plus réel à ton bonsaï.

Mots utiles

plante aquatique : adaptée à la vie dans l'eau

bouturage : méthode de reproduction d'une plante. On détache une branche de la plante ou une feuille qu'on enterre dans l'espoir qu'elles produiront des racines et donneront une nouvelle plante de la même espèce.

bouture : morceau de tige, feuille, bourgeon ou racine enlevés d'une plante et pouvant servir à en faire repousser une autre.

compost : il peut s'agir du compost produit à partir de végétaux en décomposition, ou d'un mélange de terre avec des matières végétales ou animales décomposées.
Ce dernier, le terreau, est utilisé pour faire pousser les graines et les plantes en pot.

engrais : substance qui introduit dans la terre des nutriments (nourriture). Le sol contient des nutriments naturels qui peuvent s'épuiser à mesure que la plante se nourrit. C'est pourquoi les plantes en pot doivent recevoir de l'engrais liquide durant leur croissance.

germination : lorsque les graines poussent

nervures : faisceaux fibro-vasculaires qui parcourent la surface d'une feuille

pincer : le fait d'enlever les pousses non désirées. Cette méthode permet à la plante de pousser en buisson.

rempoter : mettre une plante dans un autre pot

repiquer : le fait d'ôter les jeunes plants du pot où ils ont grandi et de les transplanter dans un autre pot. Cette opération doit se faire avec prudence. Tiens les plants par une feuille plutôt que par la tige.

Index

PRINTED IN BELGIUM BY proost INTERNATIONAL BOOK PRODUCTION

DATE DUE

$12.95

635 Robson. Denny
.9[redacted]
ROB[redacted]

[redacted]